essentials

Springer Essentials sind innovative Bücher, die das Wissen von Springer DE in kompaktester Form anhand kleiner, komprimierter Wissensbausteine zur Darstellung bringen. Damit sind sie besonders für die Nutzung auf modernen Tablet-PCs und eBook-Readern geeignet. In der Reihe erscheinen sowohl Originalarbeiten wie auch aktualisierte und hinsichtlich der Textmenge genauestens konzentrierte Bearbeitungen von Texten, die in maßgeblichen, allerdings auch wesentlich umfangreicheren Werken des Springer Verlags an anderer Stelle erscheinen. Die Leser bekommen „self-contained knowledge" in destillierter Form: Die Essenz dessen, worauf es als „State-of-the-Art" in der Praxis und/oder aktueller Fachdiskussion ankommt.

Bernhard Pörksen

Konstruktivismus

Medienethische Konsequenzen einer Theorie-Perspektive

Springer VS

Bernhard Pörksen
Universität Tübingen
FB Medienwissenschaft
Tübingen, Deutschland

ISSN 2197-6708 ISSN 2197-6716 (electronic)
ISBN 978-3-658-04003-1 ISBN 978-3-658-04004-8 (eBook)
DOI 10.1007/978-3-658-04004-8

Die Deutsche Nationalbibliothek verzeichnet diese Publikation in der Deutschen Nationalbibliografie; detaillierte bibliografische Daten sind im Internet über http://dnb.d-nb.de abrufbar.

Springer VS

Gedruckt auf säurefreiem und chlorfrei gebleichtem Papier

Springer VS ist eine Marke von Springer DE. Springer DE ist Teil der Fachverlagsgruppe Springer Science+Business Media
www.springer-vs.de

Vorwort

Lange Zeit hat die Medien- und Kommunikationswissenschaft medienethische Debatten und normative Fragestellungen vernachlässigt oder gar – aus einem falsch verstandenen Fachverständnis heraus – ignoriert. Das hat sich inzwischen geändert. Das „Handbuch Medienethik" von Christian Schicha und Carsten Brosda dokumentiert die aktuelle wissenschaftliche Diskussion, liefert eine umsichtige Systematisierung der zentralen Paradigmen und Basistheorien, leuchtet in kompakten Einzelbeiträgen Anwendungsfelder und „Problemzonen" medienethischen Handelns aus und zeigt, wie und in welcher Form in anderen Ländern und Kontinenten über Fragen der Medienethik diskutiert wurde und wird.

Für VS Essentials wurde der Beitrag „Konstruktivismus" ausgewählt, um diesen als komprimierten Wissensbaustein der Medienethik zur Darstellung zu bringen. Er wurde durchgesehen und aktualisiert.

Inhaltsverzeichnis

1 Allgemeine Charakteristika des Ansatzes: Varianten des Konstruktivismus

Es gibt – soviel lässt sich aller erkenntnistheoretisch informierten Skepsis zum Trotz mit Gewissheit sagen – nicht *den* Konstruktivismus, sondern nur Varianten des Konstruktivismus, die bei aller Unterschiedlichkeit dann aber doch noch als solche erkennbar sind.[1] Daher muss eine Einführung in das konstruktivistische Denken und eine Auseinandersetzung mit konstruktivistischen Begründungen der Medienethik notwendig aus einer doppelten Perspektive geschehen, gilt es doch einerseits *Gemeinsamkeiten* herauszuarbeiten, andererseits aber *Unterschiede* deutlich werden zu lassen. Die erste, die zentrale Gemeinsamkeit: Das konstruktivistische Kernproblem, nämlich die prozessual verstandene Entstehung von Wirklichkeit, zu beobachten und herauszuarbeiten, ist in groben Zügen identisch. Die Unterschiede werden deutlich, sobald man genauer betrachtet, wer mit welchen Begriffen und auf welcher disziplinären Grundlage dieses Kernproblem untersucht (vgl. einführend Pörksen 2002a, 2006). Hier zeigen sich die Differenzen. So haben *philosophisch belesene Konstruktivisten* eine Art Ahnengalerie erarbeitet, die sie bis zu den Skeptikern ins vorchristliche Jahrhundert zurückführt; schon zu diesem Zeitpunkt wird prinzipiell argumentiert, man könne doch als Wahrnehmender nicht hinter seine Wahrnehmungen zurück, könne nicht aus sich heraustreten, um das eigene Wahrnehmungsprodukt mit der noch von möglichen Verzerrungen unberührten Entität zu vergleichen. Ein Bild von einer menschenunabhängigen Realität ließe sich demnach gar nicht machen. Alles, was sich sagen lässt, sei von den eigenen Wahrnehmungs- und Begriffsfunktionen bestimmt; ein emphatisch verstandener Falsifikationstest müsse schon aus diesen Gründen scheitern. Die *psychologische Begründung des Konstruktivismus* geht auf den französischen Lerntheoretiker Jean

[1] Dieser Essay ist ein Extrakt der Veröffentlichungen des Autors zum Themenkomplex „Konstruktivismus und Medien" und greift auf frühere Veröffentlichungen zurück, siehe insbesondere die 2006 publizierte Monographie *Die Beobachtung des Beobachters. Eine Erkenntnistheorie der Journalistik.* Konstanz: UVK. Danken möchte ich Armin Scholl für hilfreiche Kommentare und ergänzende Hinweise.

B. Pörksen, *Konstruktivismus,* essentials,
DOI 10.1007/978-3-658-04004-8_1, © Springer Fachmedien Wiesbaden 2014

Piaget, aber vor allem auf die Palo-Alto-Schule zurück, die sich um Therapeuten wie Don D. Jackson und Paul Watzlawick formiert hat und sich u. a. auf die Arbeiten des Anthropologen Gregory Bateson bezieht. Die Vertreter dieser therapeutisch ausgerichteten Schule teilen mit den konstruktivistischen Theoretikern ein gemeinsames Ziel: die Beobachtung der Konstruktion von Wirklichkeit. Ihr Kernanliegen besteht jedoch darin, dass sie nicht nur beobachten und analytisch rekonstruieren, sondern Leid erzeugende Kommunikationsmuster, Konflikt erzeugende Formen der Interaktion gezielt zu verändern trachten. Zahlreiche Konzepte der Kommunikationstheorie – selbstverständlich mit einem Schwerpunkt im Bereich der Individualkommunikation – resultieren aus den Arbeiten dieser konstruktivistisch und systemisch orientierten Psychologen. Zu nennen sind etwa die so genannten Axiome der Kommunikation, die Entdeckung zirkulärer Kommunikationsmuster, die systematische Orientierung an Deutungen (= Wirklichkeiten zweiter Ordnung im Sinne von Paul Watzlawick) und nicht an Wahrheiten.

Auch eine beobachtertheoretisch reformulierte Kybernetik, die so genannte *Kybernetik zweiter Ordnung*, hat das konstruktivistische Denken entscheidend geprägt. Sie bricht mit der ursprünglich unter Kybernetikern verbreiteten Kontroll- und Steuerungseuphorie, verknüpft Beobachter und Beobachtetes und analysiert die logischen und die methodischen Probleme, die das Erkennen des Erkennens notwendig mit sich bringt. Der Beobachter und das Beobachtete erscheinen in der Kybernetik zweiter Ordnung in unauflösbarer Weise miteinander verflochten. Vor diesem Hintergrund wird dann auch der Definitionsvorschlag Heinz von Foersters verständlich, die Kybernetik von *beobachteten* Systemen als Kybernetik erster Ordnung zu begreifen, denn hier ist der Beobachter nicht Teil des Beobachteten. Die Kybernetik zweiter Ordnung erscheint demgegenüber als Kybernetik *beobachtender* Systeme (vgl. Winter 1999: 121 ff.); die Dualität von Beobachter und Beobachtetem, von Erkenntnissubjekt und Erkenntnisobjekt ist aufgehoben.

Biologisch bzw. neurobiologisch fundierte Entwürfe des Konstruktivismus haben – insbesondere zu Beginn der wissenschaftsinternen Diskussion – Aufmerksamkeit auf sich gezogen. So hat man immer wieder auf die undifferenzierte Codierung von Reizen hingewiesen und das lange bekannte Phänomen, dass Sinneszellen nicht spezifisch kodieren, zur Plausibilisierung konstruktivistischer Einsichten benützt. Von den äußeren Reizen, die uns nur in einem sehr geringen Ausschnitt überhaupt erreichen, wird wiederum nur ein geringer Teil in die Einheitssprache neuronaler Impulse transformiert. Die Spezifität eines Impulses resultiert dann, so die Annahme, aus der Topologie des Gehirns bzw. aus dem Ort, an dem der Reiz im Gehirn auftritt: Die einzelnen Aktivitätsorte bestimmen die Modalität, die Quantität und die Intensität des Reizes (Roth im Gespräch mit Pörksen 2002c: 149 ff.). Erkennen erscheint, folgt man dieser Konzeption, nicht mehr als getreue Repräsentation einer äußeren Welt (= Abbildtheorie), sondern muss als interne Konstruktion nach eigenen Regeln und Prinzipien (= Postulat der Autonomie) verstanden werden.

Die Grundfragen des *wissenssoziologisch fundierten Konstruktivismus* lauten schließlich, wie eine selbstproduzierte Sozialordnung entsteht und wie sich eine gesellschaftliche Realität allmählich zu festen sozialen Arrangements erhärtet, die dann als statisch und naturwüchsig erfahren werden. Um diese Fragen zu beantworten, zeigen beispielsweise Berger und Luckmann (1997) in ihrem Standardwerk des Sozialkonstruktivismus mit vielen Beispielen, wie kulturelles Lernen funktioniert, wie Verhalten habitualisiert und typisiert, individuelle Erfahrung verobjektiviert und unter Umständen (in Form von Geschichten und Erzählungen) kollektiviert und die einmal gehärteten Arrangements der Sozialordnung legitimiert werden.[2] Wirklichkeit entsteht aus dieser Sicht im Gefüge der Gesellschaft – und das heißt, dass der Einzelne als eine durch diese Gesellschaft und die ihn umgebende Kultur formbare Entität gesehen werden muss. Er beobachtet mit den Augen seiner Gruppe, sieht die Welt vor dem Hintergrund seiner Herkunft, ist eben gerade keine Monade, sondern in jedem Fall beeinflussbar, extrem empfänglich für Außeneindrücke. Damit ergibt sich die Notwendigkeit, zwischen den verschiedenen Varianten des Konstruktivismus zu vermitteln. Integrative Entwürfe müssen erklären, wie sich die These von der kognitiven Autonomie mit der Annahme der sozialen Geprägtheit verbinden lässt.[3]

Trotz dieser verschiedenen Begründungen und Fundierungsversuche wird der konstruktivistische Diskurs durch ein Set von miteinander verwobenen Denkfiguren, Postulaten und Leitmotiven konturiert und zusammengehalten. Diese Denkfiguren geben ihm Struktur und Grenze – und machen, bei aller Unterschiedlichkeit der disziplinären Herkunft, erneut die Gemeinsamkeiten sichtbar. So zeigt sich: Das Kerninteresse aller konstruktivistischer Autoren besteht in einer fundamentalen Umorientierung. Im Zentrum der Aufmerksamkeit stehen nicht länger ontologisch gemeinte *Was-Fragen*, sondern epistemologisch zu verstehende *Wie-Fragen*. Zielpunkt der Erkenntnisbemühungen ist eine Umorientierung vom Sein zum Werden, vom Wesen einer Entität zum Prozess ihrer Entstehung. Es sind die Bedingungen, die eine Wirklichkeit erzeugen und überhaupt erst hervorbringen, die interessieren. Maßgeblich ist für den gesamten Diskurs stets die *Orientierung am Beobachter*: Jeder Akt der Kognition beruht, so nimmt man an, auf den Konstruk-

[2] Es ist wichtig zu bemerken, dass beide Autoren sich nicht als Konstruktivisten begreifen und erstaunlicherweise ihren eigenen Entwurf nicht als einen Beitrag zur Erkenntnistheorie verstanden wissen möchten: Man betreibe, so wird argumentiert, empirische Wissenschaft bzw. Soziologie, nicht jedoch Erkenntnistheorie.

[3] Vgl. hierzu den Entwurf von Schmidt 1994 mit dem Titel: *Kognitive Autonomie und soziale Orientierung*.

tionen eines Beobachters – und nichtauf der mehr oder minder exakten Übereinstimmung der Wahrnehmungen mit einer beobachterunabhängigen Realität. Wer die Beobachtungen von Beobachtern beobachtet, somit Beobachtungen zweiter Ordnung betreibt und sich fragt, *wie* und mit Hilfe welcher Unterscheidungen sich diese ihre Realität verfügbar machen, der erkennt auch: Jede Wahrnehmung bedeutet unvermeidlich die Ausblendung einer gewaltigen Restwelt auch möglicher Wahrnehmungen. Jedes Sehen ist gleichzeitig blind. Wenn man etwas sieht, sieht man etwas anderes nicht; wenn man etwas beobachtet, beobachtet man etwas anderes nicht. Jede Beobachtung besitzt, so die Kernannahme, einen blinden Fleck, sie ist im Unterscheidungsprozess selbst blind für die gewählte Unterscheidung, die sich erst in einem Beobachter zweiter Ordnung offenbart, der natürlich seinerseits einen blinden Fleck hat. Wenn das Erkannte strikt an den jeweiligen Erkennenden und die ihm eigene Erkenntnisweise gekoppelt wird, wenn der Beobachter, das Beobachtete und die Operation des Beobachtens nur in zirkulärer Einheit vorstellbar sind, dann unterminiert eine solche Sicht die Sehnsucht nach.

Gewissheit, relativiert jeden Erkenntnisanspruch entscheidend und weist auf ein weiteres Leitmotiv des Konstruktivismus hin: den *Abschied von absoluten Wahrheitsvorstellungen* und einem emphatisch verstandenen Objektivitätsideal. Dies wird deutlich, wenn man sich vergegenwärtigt, dass es zu den Merkmalen einer objektiven Beschreibung gehört, dass die Eigenschaften des Beobachters nicht in diese eingehen, sie beeinflussen und bestimmen. Das Fundament der jeweiligen Urteile liegt – folgt man diesem klassisch-realistischen Objektivitätsverständnis – scheinbar außerhalb der eigenen Person; man meint, das Beobachtete ließe sich vom Beobachter, seinen Vorlieben und Interessen, seinen kognitiven Stärken und Schwächen ablösen. Gegen diese Ablösung des Beobachters vom Beobachteten bezieht man Stellung und begreift den Beobachter als diejenige Größe, die aus keinem Prozess des Erkennens herausgekürzt werden kann. Die eine Wirklichkeit verwandelt sich, wenn man diese Überlegungen akzeptiert, unvermeidlich in eine Vielzahl von Wirklichkeiten und bedingt ein besonderes *Interesse an der Differenz* und der *Pluralität von Wirklichkeitskonstruktionen*; auch dies ein weiterer Topos konstruktivistischen Denkens, der für die Debatten über eine Ethik (der Medien) folgenreich ist.

2 Ethische Schlussfolgerungen: allgemeine Reflexionen und Anregungen

Wenn man erkenntnistheoretischen Postulate und Annahmen als Begründung ethisch-moralischer Prinzipien verwendet, dann muss man – noch bevor dies geschieht – grundsätzlicher fragen, wie sich der Zusammenhang von Erkenntnistheorie und Ethik überhaupt erfassen lässt. Diese Frage müsste vor der eigentlichen Konkretisierungs- und Umsetzungsarbeit, vor der Proklamation ethisch-moralischer Schlussfolgerungen und Imperative zumindest prinzipiell geklärt werden, weil ihre Klärung wesentlich darüber entscheidet, welches Veränderungspotenzial man überhaupt den konstruktivistischen Einlassungen zuschreiben mag und ihnen letztlich zutraut. Grundsätzlich lassen sich drei Varianten des Verhältnisses von Erkenntnistheorie und Ethik unterscheiden:

- Wenn man explizit oder implizit für ein *Ableitungsverhältnis* votiert,[1] dann geht man von folgender Annahme aus: Die epistemologischen Einsichten (des Konstruktivismus) führen – ganz unabhängig davon, ob dies zu begrüßen oder zu beklagen ist – zu unmittelbaren Konsequenzen, was das ethisch-moralische Handeln betrifft. Erkenntnistheorie reguliert eine wie auch immer geartete Praxis; dies ist die entscheidende Annahme.
- Allerdings lässt sich auch eine *strikte Trennung* von Erkenntnistheorie und ethischmoralischem Handeln behaupten. Anhänger dieser Auffassung vertreten die These, dass beide Ebenen strikt getrennt sind und auch strikt getrennt werden müssen: Der Konstruktivismus gilt hier ausschließlich als Beobachtertheorie zweiter Ordnung, die eine Rekonstruktion von Wirklichkeitskonstruktionen erlaubt, aber keine Relevanz für eine wie immer geartete Lebenspraxis in der Sphäre der Beobachtung erster Ordnung besitzt (vgl. Pörksen 2002b, S. 439 ff.).

---

[1] Zu diesem Begriff und einer noch ausführlicher dargestellten Typologie möglicher Verhältnisse siehe Pörksen (2006, S. 64 ff).

B. Pörksen, *Konstruktivismus*, essentials,
DOI 10.1007/978-3-658-04004-8_2, © Springer Fachmedien Wiesbaden 2014

- Zwischen diesen beiden Extremen befindet sich eine mittlere Position. Sie wird hier als *Anregungsverhältnis* bezeichnet. Gemäß dieser Auffassung gelten erkenntnistheoretische Einsichten, Modelle, Konzepte und Begriffe als Inspiration und Irritation einer wie auch immer definierten ethisch-moralischen Praxis; sie sind nicht folgenlos, aber auch nicht in jedem Fall spezifizierbar und bis ins Detail ausbuchstabierbar. Die Prämissen und Postulate fokussieren die Aufmerksamkeit, sie liefern relevante Unterscheidungen, sie regen an. Das bedeutet, dass ein unbedingtes, streng definiertes Kausalverhältnis nicht vorausgesetzt wird; die Zusammenhänge sind hier sehr viel lockerer, fragiler, undeutlicher, keineswegs zwingend. Die konstruktivistischen Postulate (Pluralität von Wirklichkeiten, Autonomie des Individuums, Unmöglichkeit der Letztbegründung, Ablehnung des ‚Wahrheitsterrorismus') und die möglichen „Korrelate solcher Annahmen" (Schmidt 2000, S. 65) (Toleranz, Anerkennung von Verantwortung und Autonomie etc.) lassen sich so gesehen nicht in ein Verhältnis logischer Ableitung hineinzwingen. Es handelt sich allenfalls um „*Suchaufträge, Reflexionspostulate* oder *Beobachtungsverpflichtungen zweiter Ordnung* […], die in der jeweils in Frage stehenden Situation als Rahmen für die Entscheidungsfindung der moralisch handelnden Aktanten dienen können." (Schmidt 2000, S. 65; Hervorhebung im Original)

Derartige Rahmenbedingungen und mögliche Kriterien einer ethisch-moralischen Entscheidungsfindung, die bewusst nicht mit konkreten Verhaltesregeln operieren und substantiell angeben, was als erwünscht gelten sollte, haben verschiedene konstruktivistische Autoren formuliert. Sie sollen im Folgenden zu einigen Leitthesen verdichtet werden:

- Die *Kritik dogmatisch vertretener Wahrheitsanmaßungen* gehört zu den zentralen Motiven ethisch-moralischen Nachdenkens im konstruktivistischen Diskurs: Wahrheit gilt aus dieser Perspektive als eine statisch gedachte Gewissheit, die dazu verleitet, konträre Auffassungen zu negieren und Andersdenkenden den Respekt zu verweigern.[2] „Wenn wir", so Humberto R. Maturana in einer ex-

[2] Es ist vermutlich bedeutsam, dass insbesondere die konstruktivistischen Autoren der ersten Generation unter einer Diktatur zu leiden und mit dogmatisch vertretenen Wirklichkeiten konfrontiert waren. Der Kybernetiker Heinz von Foerster musste sich, ohne den benötigten „Ariernachweis" in Berlin zur Zeit des Nationalsozialismus tätig, den entsprechenden Kontrollversuchen durch eine Taktik des Hinhaltens entziehen. Der Psychologe und Sprachphilosoph Ernst von Glasersfeld verließ Wien, als die Nationalsozialisten an die Macht kamen; der Therapeut und Kommunikationstheoretiker Paul Watzlawick hat immer wieder angedeutet, wie sehr ihn die NS-Herrschaft schockiert hat. Der Neurobiologe Francisco Varela floh –

emplarischen Formulierung, „unseren Gesprächspartner nicht vollkommen annehmen, wenn wir unsere eigene Position durchsetzen wollen, wenn wir völlig gewiss sind, dass wir Recht haben, oder wenn wir den anderen zur Ausführung bestimmter Handlungen zwingen wollen, dann beanspruchen wir implizit oder explizit, dass das, was wir sagen, richtig, weil objektiv sei (d. h. auf objektiver Realität beruhe), dass wir wissen, wie die Dinge wirklich sind, dass unsere Argumente rational seien, und dass der andere sich objektiv irre und dies redlicherweise zugeben müsse." (Maturana 1998, S. 250)

- Um sich von Formen des missionarischen Eifers abzugrenzen und für einen anderen, behutsameren Vermittlungsstil zu werben, der ein ethisches Anliegen, geschult an zirkulären Denkfiguren, eben auch selbst ethisch vertritt, haben verschiedene Autoren eine *Unterscheidung von Ethik und Moral* propagiert. Das individuell als richtig Erkannte kann nicht mehr, so das Argument, im Modus der Gewissheit und mit gleichsam rechthaberischem Furor propagiert werden; dies würde zumindest einen Selbstwiderspruch provozieren. Moral gilt im Duktus dieser Überlegungen als eine Angelegenheit des autoritären Appells, der Predigt, der Vorschrift; sie wird im Modus des Imperativs verkündet. Um erneut Humberto R. Maturana zu zitieren: „Ein Moralist tritt für die Einhaltung von Regeln ein, sie erscheinen ihm als eine externe Referenz, die seinen Aussagen und seinen seltsamen Einfällen Autorität verleihen soll. Es fehlt ihm ein Bewusstsein für die eigene Verantwortung. Wer als Moralist agiert, der sieht den anderen nicht, weil er sich auf die Durchsetzung von Regeln und Imperativen konzentriert. Er weiß mit Gewissheit, was zu tun ist und wie sich die anderen eigentlich verhalten müssten. Wer dagegen als ein Ethiker handelt, der nimmt den anderen wahr: Er ist ihm wichtig, er wird gesehen. Selbstverständlich ist es möglich, dass jemand moralisch argumentiert und gleichwohl ethisch agiert. Es ist denkbar, dass er moralisch ist, ohne ethisch zu sein, oder dass er allgemein als unmoralisch gilt und doch gleichwohl ethisch handelt. In jedem Fall taucht die Möglichkeit der Ethik und des Berührtwerdens erst dann auf, wenn man den anderen Menschen als einen legitimen anderen sieht und sich mit den Konsequenzen befasst, die das eigene Handeln für ihn und sein Wohlbefinden haben könnten." (Maturana und Pörksen 2002. S. 221)
- Das Konzept einer *impliziten Ethik* und der *ethische Imperativ*: Nur über die eigenen Handlungen könne man vollständig verfügen. Ethik müsse daher – so etwa ein Schlüsselbegriff Heinz von Foersters – *implizit* bleiben, sie sollte in das Han-

nach dem Tod von Salvador Allende und der Machtergreifung des Putschisten Pinochet – nach Costa Rica; sein Kollege, Humberto R. Maturana, blieb in Chile, auch um die Gefahren ideologieverursachter Blindheit aus nächster Nähe zu studieren.

deln eines Einzelnen eingewoben sein, um nicht den Rang der expliziten Vorschrift zu bekommen (vgl. Foerster und Pörksen 1998, S. 164). Etwas paradox wirkt es vor diesem Hintergrund, dass Heinz von Foerster selbst einen intensiv diskutierten ethischen Imperativ formuliert hat, der da heißt: *„Handle stets so, dass die Anzahl der Möglichkeiten wächst."* (Foerster und Pörksen 1998, S. 36; Hervorhebung im Original) Eine solche Formulierung passt natürlich einerseits zum Konzept einer konsequent durchdachten konstruktivistischen Ethik, andererseits passt sie jedoch auch nicht. Passend erscheint, dass die Vergrößerung von Möglichkeiten unvermeidlich die Zahl der Alternativen des Denkens und Handelns erhöht, also ein formales Kriterium darstellt, um Freiheitsgrade zu steigern und somit die Chancen eigenverantwortlicher Entscheidung zu maximieren. Unpassend erscheint jedoch die Präsentations-form des Imperativs, weil der Begriff des Imperativs (wenn auch nicht der Inhalt dieser Vorgabe) zumindest irreführende Konnotationen besitzt, die der eigenverantwortlichen Reflexion entgegenstehen.

- Eine *ethisch-moralisch begründete Kritik des Objektivitätsideals* haben verschiedene Konstruktivisten – u. a. Klaus Krippendorff, Humberto R. Maturana und Heinz von Foerster – vorgelegt (vgl. im Sinne eines Überblicks Hungerige und Sabbouh 1995). Der Gang der Argumentation lässt sich erneut am Beispiel einer zunächst vermutlich kryptisch-aphoristisch anmutenden Formulierung Heinz von Foersters in der gebotenen Kürze demonstrieren. „Objektivität", so seine These, „ist die Wahnvorstellung, Beobachtungen könnten ohne Beobachter gemacht werden." Und weiter: „Die Berufung auf Objektivität ist die Verweigerung der Verantwortung – daher auch ihre Beliebtheit." (zit.n. Foerster und Pörksen 1998, S. 154) Angelegt ist in einer solchen Formulierung ein angenommener Zusammenhang von Erkenntnistheorie und Ethik, genauer formuliert: Das Objektivitätsideal wird aus erkenntnistheoretischen Gründen negiert und aus ethisch-moralischen Erwägungenkritisiert. Strukturgebendes Prinzip solcher Überlegungen ist die Kontrastierung einer beobachterunabhängigen und einer beobachterabhängigen Konzeption von Erkenntnis, die hier jedoch eine verantwortungsethische Wendung bekommt. *Objektivität*, *Ontologie* und (absolute) *Wirklichkeit* deklariert Heinz von Foerster zu Begriffen, die „verwendet werden können, um sich von der Welt zu trennen: Sie lassen sich dazu benutzen, die eigene Gleichgültigkeit als unvermeidlich auszugeben. Denn immer hat man es mit einem starren und zeitlosen Dasein zu tun, das sich nicht verändern lässt. [...] Man kann jetzt zwei fundamental unterschiedliche Positionen kontrastieren. Der Haltung des unbeteiligten Beschreibers steht die Haltung des Mitfühlenden und Beteiligten gegenüber, der sich selbst als Teil der Welt begreift und von der Prämisse ausgeht: Was immer ich tue, verändert die Welt! Er ist mit ihr und ihrem Schicksal verbunden, er ist verantwortlich für seine Handlungen." (Foerster und Pörksen 1998, S. 157 f.) Damit kommt ein anderer, ein neuer Gegensatz ins Spiel: Es geht nicht um Objektivität oder Subjektivität, sondern um die fundamentale Frage, ob die eigene erkenntnistheoretische Parteinahme dazu verwendet werden kann, sich als getrennt von der Welt zu betrachten, in die Rolle des distanzierten (und nicht des beteiligten) Beobachters zu schlüpfen, der seine Beobachtungen durch den Rekurs auf die objektive Wahrnehmung des Gegebenen entpersonalisiert.

Kritik und Kontroversen: Debatten in der Medien- und Kommunikationswissenschaft

3

Die Rezeption derartiger Kern-Sätze des Konstruktivismus in der Medien- und Kommunikationswissenschaft hat einen vermutlich ohnehin virulenten Grundkonflikt zwischen Realisten und Relativisten im Fach noch einmal aktualisiert.[1] Besondere Schärfe gewann die Debatte auch deshalb, weil das charakteristische Mischprogramm des Konstruktivismus, nämlich Erkenntnistheorie und Ethik zu verknüpfen, vehemente Ablehnung provoziert hat. Im Zentrum stand und steht der Vorwurf der *Legitimation von Beliebigkeit*, der Vorwurf der erkenntnistheoretischen Begründung eines postmodernen ‚Anything goes'. Weil alles Erkennen in das individuelle Belieben des Einzelnen gestellt werde, weil Welterkenntnis sich weitgehend willkürlich vollziehe, so das Argument der Konstruktivismus-Kritiker, gebe es auch keine gesicherten Maßstäbe mehr, um über die Qualität von Medienangeboten zu richten; die Basis journalistischer Arbeit werde gewissermaßen erkenntnistheoretisch zerstört. Der Konstruktivismus verzichte „auf einen Wirklichkeitsbegriff", der „das Fundament journalistischer Arbeit darstellt, einen Wirklichkeitsbegriff, der davon ausgeht, dass Realität weitgehend unabhängig vom Journalisten existiert und es journalistische Aufgabe ist, diese Realität adäquat zu erfassen und sie sodann wahrheitsgemäß, möglichst vollständig und verständlich darzustellen." (Bentele 1993, S. 159) Der Beliebigkeitsvorwurf korrespondiert häufig mit der Befürchtung, gerade die Arbeit von Journalisten seidurch konstruktivistische Überlegungen gefährdet: Man argwöhnt eine besondere Bedrohung der journalistischen

[1] Zur Geschichte der Diskussion nur einige wenige Eckdaten: Entzündet hat sich die mitunter äußerst kontrovers und robust geführte Auseinandersetzung um den Konstruktivismus an dem *Funkkolleg Medien und Kommunikation* (1991/1992); sie war wesentlicher Gegenstand einer Jahrestagung der Deutschen Gesellschaft für Publizistik- und Kommunikationswissenschaft und hat vor allem in den Fachzeitschriften *Medien und Kommunikationswissenschaft* (ehemals *Rundfunk und Fernsehen*) und *Communicatio Socialis* ihren Niederschlag gefunden.

B. Pörksen, *Konstruktivismus*, essentials,
DOI 10.1007/978-3-658-04004-8_3, © Springer Fachmedien Wiesbaden 2014

Praxis, betrachtet eine „systematische Entmoralisierung der Medien und ihrer Handlungsträger“ (Boventer 1992, S. 164) als Konsequenz epistemologischer Indoktrination. „Soweit der Radikale Konstruktivismus das Postulat journalistischer Objektivität verwirft“, so schreibt Ulrich Saxer mit ähnlicher Stoßrichtung, „beeinträchtigt er ein unentbehrliches Element demokratischer Kommunikationskultur und die Ausbildung journalistischer Kompetenz in einer sehr wichtigen Hinsicht. Er öffnet damit journalistischem Schlendrian im Umgang mit Fakten und journalistischer Rechthaberei Tür und Tore, deckt argumentativ – da es ja angeblich anders gar nicht möglich ist – die Selbstzentriertheit journalistischer Milieus auf Kosten ihrer Zuwendung zum Publikum, anerkennt journalistische Manipulation als Normalität und rechtfertigt theoretisch auch noch den durch Medien mitverursachten kollektiven Wirklichkeitsverlust in komplexen Gesellschaften.“ (Saxer 1992, S. 182) Man befürchtet, dass der Begriff der Objektivität in einer erkenntnistheoretischen Diskussion aufgelöst werde – und dass diese Auflösung dann als Einladung zu Fälschung, Manipulation und Lüge verstanden werden könnte. Die solchen Befürchtungen gemeinsame Denkfigur lässt sich folgendermaßen umschreiben: Weil man, wie Konstruktivisten behaupten, über eine beobachterunabhängige Wirklichkeit nichts auszusagen vermag und weil sich diese Behauptung womöglich durchsetzt, erscheint willkürliche Erkenntnisproduktion als Normalität, und in diesem Klima werden dann auch Fälschungen, Verdrehungen und Manipulationen zu gewöhnlichen Äußerungsstrategien, die nicht mehr aus berufsethischen Gründen disqualifiziert werden können.[2] Damit liegt ein weiterer Vorwurf nahe, der in der fachinternen Debatte auftaucht: Angenommen wird, dass die Medienkritik, die eben auf dem Vergleich von (absoluter) Realität und Medienrealität basiere, jede Basis verliere – auch dies eine Preisgabe beruflicher Standards mit fatalen Folgen: „Auf

[2] Erschwert wird die präzise Debatte auch durch eine terminologische Unklarheit, die als *Problem der referentiellen Konfusion* bezeichnet werden soll. Man verwechselt (auch in konstruktivistischen Kreisen) vielfach Aussagen, die sich auf eine (imaginäre und allein beobachterabhängig thematisierbare) absolute Wirklichkeit/Wahrheit/Realität usw. beziehen mit Aussagen, die eingestandenermaßen innerhalb gegebener Erkenntnisgrenzen getroffen werden, also für die Sphäre der Lebenswelt und der Erfahrungswirklichkeit gemeint sind. Wenn konsistent argumentierende Kritiker des Objektivitätsideals behaupten, *Wahrheit* und *Realität* seien unerkennbar und eine objektive Darstellung kein erreichbares Ziel, dann heißt dies unvermeidlich: Hier bezieht man sich innerhalb eines Diskurses auf eine (absolute) Realität/Wirklichkeit/Wahrheit, konstruiert also kommunikativ ein Diskursjenseits im Diskursdiesseits; es bedeutet nicht, dass man auch innerhalb der Lebenswelt und der eigenen Erfahrungswirklichkeit auf (unvermeidlich temporäre und sozial verbindliche) Erkenntnissicherheiten verzichten muss. In der Sphäre der (medial bestimmten) Erfahrungswirklichkeit ist selbstverständlich Konsensbildung möglich. Ob jedoch der einmal erzielte und mehr oder minder fragile Konsens einer absoluten Wahrheit in irgendeiner Weise entspricht, muss als prinzipiell unentscheidbar gelten.

der praktisch-journalistischen Diskussionsebene führt", so heißt es, „der konstruktivistische Ansatz dazu, dass nicht mehr eindeutig zwischen der Realitätshaltigkeit (und damit Qualität), zwischen Boulevard-Journalismus und seriösem Journalismus von Qualitätszeitungen unterschieden werden kann. Wenn beides nur Realitäts*konstruktionen* sind, wenn gleichzeitig Begriffe wie Wahrheit und Objektivität aufgegeben sind, wenn beides nur noch Kommunikationsangebote sind, die nach Kriterien wie Glaubwürdigkeit (nicht aber danach, ob sie tatsächlich richtig oder falsch berichten) beurteilt werden können, dann entfällt jede Kritikmöglichkeit gerade unsauberer journalistischer Arbeit." (Bentele 1993, S. 163; Hervorhebung im Original) Dem wäre allerdings – aus der Perspektive eines Konstruktivismus-Verteidigers – zu entgegnen, dass nicht *der* Wirklichkeitsvergleich, der Basis medienkritischer Bemühungen ist, hinfällig wird, sondern allein ein implizit oder explizit realistisch fundiertes Falsifikationsstreben, das *absolute* Realität und die verzerrte Medienrealität in eine Vergleichsbeziehung zu bringen meint. Damit ist gesagt, dass man beispielsweise nicht die Daten und Wirklichkeiten einzelner Sozialsysteme (z. B. Wissenschaft, Justiz, Gesundheit) benützen kann, um eine spezifische Medienwirklichkeit in einem absoluten Sinne zu falsifizieren oder auch gegebenenfalls zu verifizieren, denn es handelt sich in jedem Fall um Konstrukte, nicht aber um beobachterunabhängig gegebene Manifestationen einer unbedingt gültigen Reali-tät. Was man natürlich tun kann, ist, verschiedene Wirklichkeiten – durchaus mit kritischer Zielsetzung – zu kontrastieren (vgl. Weber 2002, S. 80).

4 Medienethische Ausarbeitungen und Anwendungsversuche

Es liegt bislang keine konsequent entfaltete konstruktivistische Medienethik vor. Was sich darstellen lässt, ist vielmehr eine Sammlung von Begriffsvorschlägen und Denkansätzen, die für die Medienethik folgenreich sind, sein könnten. Man kann durchaus relevante Erträge der konstruktivistischen Perspektive ausfindig machen, die allerdings, wie gerade skizziert, alles andere als unumstritten sind.

- *Präzisierung der Verantwortungsidee*: Die Frage nach der Verantwortung ist *die* Kernfrage der Medienethik. Konstruktivistische Autoren haben gezeigt, dass die Behauptung, man sei verantwortlich, hochgradig voraussetzungsvoll erscheint. Verantwortung setzt Entscheidungsfreiheit und die Möglichkeit der Wahrnehmung einander ausschließender Alternativen voraus. Sie muss deutlich von Verursachung (im Sinne einer letztgültigen Berechenbarkeit von Handlungsfolgen) unterschieden werden. Aus einer konstruktivistischen Perspektive heißt verantwortlich zu handeln nicht, dass man die gewünschten Wirkungen in jedem Fall erzielt, denn dies würde einen Grad an Berechenbarkeit und Durchschaubarkeit voraussetzen, der erkenntnistheoretisch gerade abgelehnt wird. Es bedeutet vielmehr, dass man die *möglichen* Folgen des eigenen Handelns bedenkt und das eigene Handeln an diesen Folgen ausrichtet, die sich nach bestem Wissen und Gewissen in der konkreten Situation abschätzen lassen. Die Konsequenz: Man ist vollkommen dafür verantwortlich, was man will und nach eigenem Verständnis tut, aber nicht dafür, wie andere Äußerungen und Handlungen aufnehmen und interpretieren, sich zu eigen machen und dementsprechend agieren (vgl. Maturana und Pörksen 2002: 121 f.).
- *Relativierung von Objektivitätsansprüchen*: Das Ideal der Objektivität markiert den Zielwert journalistischer Ethik. Es taucht in vielen Ethik-Kodizes und Befragungen als Leitidee auf. Verschiedene Autoren haben sich darum bemüht, eine konstruktivistische Neuinterpretation des Objektivitätsideals zu liefern, das Erkenntnisziel *der Wahrheit* praktisch-pragmatisch kleinzuarbeiten und

B. Pörksen, *Konstruktivismus*, essentials,
DOI 10.1007/978-3-658-04004-8_4, © Springer Fachmedien Wiesbaden 2014

entsprechende Ersatzbegriffe anzubieten – eine Diskussion, die inzwischen weit fortgeschritten ist und mehrere Entwürfe hervorgebracht hat. Im Sinne von Humberto R. Maturana kann man von einer *Objektivität in Klammern* sprechen – dies ist eine Spielform der „Objektivität", die darauf basiert, dass man die Beobachterabhängigkeit allen Erkennens akzeptiert, Gewissheiten stets an die besonderen Erfahrungswirklichkeit eines Erkennenden zurück bindet; die etwas eigenwillige Begriffsbildung ist inzwischen in verschiedenen kommunikationswissenschaftlichen Veröffentlichungen präsent (vgl. Weischenberg 1998: 227). Eine stärker praxisbezogene Deutung sieht vor, den emphatisch verstandenen Objektivitätsbegriff durch publikumsbezogene Ersatzbegriffe („Nützlichkeit" und „Glaubwürdigkeit") zu ersetzen, ein beobachterabhängiges und kommunikatorbezogen bestimmtes Kontinuum von ansteigender Konstruktivität zur Einschätzung relativer Objektivität anzubieten (vgl. Pörksen 2006: 241 ff.; Weber: 1999: 7 ff.) oder aber Objektivität im Sinne von Gaye Tuchman als ein *strategisches Ritual* – als eine formale Prozedur zur journalistischen Aussagenproduktion – zu begreifen (vgl. Weischenberg 1995: 165 ff.). Objektivität wäre dann eine professionelle Routine und Ansammlung handwerklicher Standards. Zu solchen Standards gehören beispielsweise: die Trennung von Nachricht und Meinung, das Zitieren verschiedener Auffassungen in einem Streitfall, der Verweis auf stützende Fakten und Experten-Statements zur Absicherung von Aussagen.

- *Sichtbarmachung von Eigenverantwortung*: Die Betonung der Beobachterabhängigkeit allen Erkennens legt die Verantwortung für die eigenen Wirklichkeitskonstruktionen nahe und macht die Toleranz gegenüber anderen Wirklichkeiten (bei gleichzeitiger Ablehnung dogmatischer Wahrheitsansprüche) begründbar. Konstruktivistisch vorgebildete Medienarbeiter werden, so die Annahme, für den Anteil, den sie bei der Herstellung einer Medienwirklichkeit besitzen, zumindest sensibilisiert. Es ist eine Art „Konstruktivitätsbewusstsein" (Baum und Scholl 2000: 92), das hier – idealer Weise – geweckt werden soll, auch wenn natürlich der Einfluss systemischer Produktionsroutinen (Markt- und Zielgruppenorientierung, Zeit-, Konkurrenz- und Erfolgsdruck) damit keineswegs in Abrede gestellt wird.
- *Sensibilisierung für Voreingenommenheiten und trügerische Sicherheiten*: Zu rechnen ist stets mit der Möglichkeit des Irrtums – auch dafür sensibilisiert die paradoxe Gesinnungslage der Gewissheit der Ungewissheit, die einem konsequent durchdachten Konstruktivismus eigen ist. Die stets gegebene Eventualität eines Irrtums begründen Vertreter dieser Denkschule mit dem Hinweis, „dass der Irrtum, solange wir ihn begehen, nicht feststellbar ist. Einen Irrtum können wir erst feststellen, wenn wir ihn begangen haben, das heißt, wenn wir

ihn nicht mehr begehen. Wir können kein Beispiel für einen Irrtum angeben, solange wir ihn machen." (Mitterer 2001: 88) Im gegenwärtigen Moment der Erfahrung ist es nicht möglich, zwischen Wahrnehmung und Illusion, zwischen Wahrheit und Irrtum zu differenzieren; man braucht stets eine neue Erfahrung als Bezugsbasis, um eine vergangene Erfahrung als irrtümlich, fehlerhaft oder unwahr zu klassifizieren. Diese fragile und prinzipiell unaufhebbare Vorläufigkeit, die jeder Klassifikation einer Erfahrung anhaftet, sensibilisiert potenziell für die Notwendigkeit nie endender Skepsis – und legt das Nachdenken über eigene Vorurteile und Voreingenommenheiten und die reflektierte Offenlegung eigener Konstruktions- und Inszenierungsroutinen zumindest nahe.

- *Votum für diskursauslösende Meta-Regeln, nicht für konkrete Handlungsempfehlungen*: Ethisch-moralische Handlungsempfehlungen sollten, so das Votum verschiedener Autoren, aus konstruktivistischer Perspektive den Charakter von Meta-Regeln besitzen, nicht jedoch die Form der konkreten Vorgabe, die individuelle Verantwortung negieren und Ethik in Moral verwandeln würde. Das Interesse an Differenz und das Bewusstsein für die Pluralität von Wirklichkeiten sind jene Denkfiguren, die hier Orientierung liefern. Sie lassen sich nicht nur deskriptiv verstehen, sondern auch normativ deuten – und als ethisch-moralische Meta-Regeln einer Ethik (der Medien) reformulieren. Diese Regeln können folgendermaßen ausgedrückt werden: *Erhalte oder vergrößere die Spielräume für Autonomie; schone oder maximiere Differenzen; bewahre oder steigere die Pluralität der Wirklichkeitsentwürfe.*[8] Auch in solchen Formulierungen zeigt sich der doppelte Anspruch einer konstruktivistischen Medienethik: Einerseits will sie Orientierung liefern, andererseits jedoch die individuelle Reflexion befördern und die Möglichkeit eigenverantwortlicher Initiative beschützen, auch dann wenn es um Ethik und letztlich die Unterscheidung *gut* und *böse* geht. Insofern wirken die genannten Meta-Regeln unvermeidlich diffus, aber sie zeigen doch eine Richtung an, die vom Einzelnen oder einer Gruppe ausbuchstabiert werden muss. Etwas konkreter: Die Forderung, Spielräume für autonomes Handeln in Medienunternehmen bzw. in Redaktionen zu schaffen oder zu vergrößern, beinhaltet keine konkrete Handlungsvorschrift, macht aber gleichwohl darauf aufmerksam, was abzulehnen ist – zum Beispiel: die Einschüchterung von Redaktionsmitgliedern aufgrund abweichender Ansichten, die mehr oder minder subtile Erzeugung von Konformität und die Gefährdung von Unabhängigkeit durch Belohnung in Form von direkten Zuwendungen und Vergünstigungen, Geschenken, Beförderungsversprechen, die Sozialisation von neuen Kollegen im Sinne einer Standardisierung von weltanschaulich begründeten Wahrnehmungen. Die Aufforderung, die Differenz und Pluralität von Wirklichkeitsauffassungen zu schützen oder zu erhöhen, hat ebenso wenig den Charakter einer konkreten Handlungsempfehlung, zeigt aber ihre Relevanz ebenso, wenn man die Verletzung und Bedrohung dieser Meta-Regeln im Medienbereich illustriert: So gilt es, die Zunahme von Pressekonzentration zu kritisieren, weil sie potenziell den Verlust von Beobachtungsmöglichkeiten, die Marginalisierung und Diskreditierung von Wirklichkeitsentwürfen und die Homogenisierung von Perspektiven bedeuten kann. Es droht der Verlust von publizistischer Vielfalt auf dem Meinungsmarkt. Zensur ist aus ähnlichen Gründen abzulehnen, zielt sie doch darauf ab, bestimmte Beobachtungen (erster oder auch zweiter Ordnung) zu verhindern und das öffentliche Forum zur kommunikativen Bearbeitung heterogener Wirklichkeiten einzuschränken. Im Extremfall wird damit die eigene Bewusstseinsbildung und Entscheidungsfindung über die vorstrukturierte Auswahl der Medienangebote weitgehend vorgegeben. Schließlich legen diese Meta-Regeln einer konstruktivistischen Ethik der Medien auch ein generelles Plädoyer und Eintreten für demokratische Verhältnisse nahe. Demokratie lebt, so lässt sich zeigen, von alternativen, von konkurrierenden Wirklichkeitsentwürfen, die nicht verabsolutiert[1] werden dürfen. Sie ist, um ein Wort von Adolf Arndt aufzugreifen, „die politische Lebensform der Alternative" (Arndt 1966: 2) – ein Raum der Freiheit, der die eigenverantwortliche Ausgestaltung innerhalb eines vorgegebenen Rahmens erprobter Spielregeln voraussetzt.

[1] Zu diesen Meta-Regeln siehe auch Heinz von Foersters bereits zitierten *ethischen Imperativ* (vgl. Foerster und Pörksen 1998: 36 ff.) sowie den *kategorischen Imperativ der Weltgesellschaft*, den Norbert Bolz (2001: 55) folgendermaßen formuliert: „Schone die Differenzen!"

5 Fazit: Die Stärke und die Schwäche einer konstruktivistischen Medienethik

Was sich aus den konstruktivistischen Prämissen und Postulaten ergibt, ist idealer Weise eine ethische Sensibilisierung, kein direkt aus der Erkenntnistheorie ableitbares Handlungsprogramm, keine konkrete Verhaltensvorschrift, die sich punktgenau umsetzen ließe. Bei genauerer Betrachtung handelt es sich bei den noch verstreut vorliegenden Ansätzen und Entwürfen um eine *Ethik der Ethik-Ermöglichung* (Kramaschki 1995: 262 f.) oder auch: um eine Ethik zweiter Ordnung, eine Beobachtung von Argumentationsweisen im Bereich der Ethik, die ihrerseits mit ethischen Absichten geschieht. Eine solche Beobachtung benennt die zentralen Vorbedingungen ethisch-moralischen Handelns, die auch für die Ethik der Medien Bedeutung besitzt. Als relevante Vorbedingungen und Prämissen ethisch-moralischen Handelns erscheinen demzufolge: die Annahme der Entscheidungsfreiheit des Einzelnen; die Betonung und Anerkennung von Eigenverantwortung, die jedem Individuum zugebilligt werden muss; die Bereitschaft zur dauerhaften Reflexion und produktiven (Selbst-) Verunsicherung (vgl. Baum und Scholl 2000: 93); die spezifische Verknüpfung von Erkenntnistheorie und Ethik, die nicht als striktes, zwangsweise gültiges Ableitungsverhältnis, sondern als Anregungsverhältnis aufgefasst wird. Mögliche gedanklichkonzeptionelle Fehler, die den eigenen Entwurf im Widerspruch zu konstruktivistischen Prämissen geraten lassen würden, sind: der Rekurs auf unbedingt gültige Begründungen (z. B. auch, wie einige Jahre unter Konstruktivisten in Mode, durch den Hinweis auf die Ergebnisse und Gewissheiten der Hirnforschung), ein moralisches Besserwissertum, Versuche, anderen die eigene Ethik-Konzeption aufzuzwingen, die Konkretion von moralisch-ethischen Orientierungen und Reflexionsanregungen in Richtung von inhaltlich gefüllten Vorschriften, Gesetzen, Imperativen. Damit zeigt sich: Es sind vor allem Meta-Reflexionen, Denkanstöße, die sich aus dem Konstruktivismus für die Medienethik gewinnen lassen. Sie mögen im Verhältnis zu einem konkreten Handlungsdruck als

B. Pörksen, *Konstruktivismus*, essentials,
DOI 10.1007/978-3-658-04004-8_5, © Springer Fachmedien Wiesbaden 2014

schwach und viel zu allgemein erscheinen, fast als Ausdruck von Resignation und einer theoriefaszinierten Gedankenflucht. Die merkwürdige Stärke und vielleicht auch Attraktivität einer konstruktivistischen Ethik der Ethikermöglichung besteht jedoch darin, dem anderen – und natürlich ist dies eine idealistische Setzung – zu vertrauen. Vermutlich ist dieses Ideal des mündigen, entscheidungsfähigen und verantwortlich agierenden Gegenübers überhaupt ohne vernünftige Alternative, wenn und solange von Ethik die Rede ist.

Literatur

Arndt, Adolf. 1966. Die Rolle der Massenmedien in der Demokratie. In *Die Rolle der Massenmedien in der Demokratie,* Hrsg. Martin Löffler, 1–21. Berlin: München.

Baum, Achim, und Armin Scholl. 2000. Wahrheit und Wirklichkeit. Was kann die Journalismusforschung zur journalistischen Ethik beitragen? In *Medienethik zwischen Theorie und Praxis,* Hrsg. Christian Schicha und Carsten Brosda, 90–108. Münster: Normen für die Kommunikationsgesellschaft.

Bentele, Günther. 1993. Wie wirklich ist die Medienwirklichkeit? Einige Anmerkungen zum Konstruktivismus und Realismus in der Kommunikationswissenschaft. In *Theorien öffentlicher Kommunikation,* Hrsg. Günther Bentele und Manfred Rühl, 152–171. München: Problemfelder, Positionen, Perspektiven.

Berger, Peter L., und Thomas Luckmann. 1997. *Die gesellschaftliche Konstruktion der Wirklichkeit. Eine Theorie der Wissenssoziologie.* Unveränderter Abdruck der 5. Aufl. Frankfurt a. M.

Bolz, Norbert. 2001. *Weltkommunikation.* München.

Boventer, Hermann. 1992. Der Journalist in Platons Höhle. Zur Kritik des Konstruktivismus. *Communicatio Socialis* 25(2): 157–167.

Foerster, Heinz von, und Bernhard Pörksen. 1998. *Wahrheit ist die Erfindung eines Lügners.* Heidelberg: Gespräche für Skeptiker.

Hungerige, Heiko, und Kariem Sabbouh. 1995. Let's Talk About Ethics. Ethik und Moral im konstruktivistischen Diskurs. In *Konstruktivismus und Ethik,* Hrsg. Gebhard Rusch und Siegfried J. Schmidt, 123–173. Frankfurt a. M.: DELFIN.

Kramaschki, Lutz. 1995. Wie universalistisch kann die Moralphilosophie diskutieren? Hinweise aus radikalkonstruktivistischer Sicht. In *Konstruktivismus und Ethik,* Hrsg. Gebhard Rusch und Siegfried J. Schmidt, 249–275. Frankfurt a. M.: DELFIN.

Maturana, Humberto R. 1998. *Biologie der Realität.* Frankfurt a. M.

Maturana, Humberto R., und Bernhard Pörksen. 2002. *Vom Sein zum Tun.* Heidelberg: Die Ursprünge der Biologie des Erkennens.

Merten, Klaus. 1993. Kommentar zu Klaus Krippendorff. In *Theorien öffentlicher Kommunikation,* Hrsg. Günther Bentele und Manfred Rühl, 52–55. München: Problemfelder, Positionen, Perspektiven.

Mitterer, Josef. 2001. *Die Flucht aus der Beliebigkeit.* Frankfurt a. M.

Pörksen, Bernhard. 2002a. *Die Gewissheit der Ungewissheit.* Heidelberg: Gespräche zum Konstruktivismus.

B. Pörksen, *Konstruktivismus,* essentials,
DOI 10.1007/978-3-658-04004-8,

Pörksen, Bernhard. 2002b. „In einer Welt der Simulation wird das Reale zur Obsession." Im Gespräch mit Norbert Bolz. *Communicatio Socialis* 35 (4): 439–458.

Pörksen, Bernhard. 2002c. „Wir selbst sind Konstrukte." Gerhard Roth über die Entstehung der Wirklichkeit im Gehirn, eine bewusstseinsunabhängige Realität und die Verbindung von Neurobiologie und Philosophie. In *Die Gewissheit der Ungewissheit*, Hrsg. Bernhard Pörksen, 139–165. Heidelberg: Gespräche zum Konstruktivismus.

Pörksen, Bernhard. 2006. *Die Beobachtung des Beobachters*. Konstanz: Eine Erkenntnistheorie der Journalistik.

Pörksen, Bernhard, Hrsg. 2011. *Schlüsselwerke des Konstruktivismus*. Wiesbaden: VS Verlag für Sozialwissenschaften.

Saxer, Ulrich. 1992. Thesen zur Kritik des Konstruktivismus. *Communicatio Socialis* 25 (2): 178–183.

Schmidt, Siegfried J. 1994. *Kognitive Autonomie und soziale Orientierung*. Frankfurt a. M.: Konstruktivistische Bemerkungen zum Zusammenhang von Kognition, Kommunikation, Medien und Kultur.

Schmidt, Siegfried J. 2000. *Kalte Faszination*. Weilerswist: Medien – Kultur – Wissenschaft in der Mediengesellschaft.

Weber, Stefan. 1999. *Wie journalistische Wirklichkeiten entstehen*. Salzburg.

Weber, Stefan. 2000. *Was steuert Journalismus*? Konstanz: Ein System zwischen Selbstreferenz und Fremdsteuerung.

Weischenberg, Siegfried. 1995. *Journalistik. Theorie und Praxis aktueller Medienkommunikation. Band 2: Medientechnik, Medienfunktionen, Medienakteure*. Opladen: Westbeutscher.

Weischenberg, Siegfried. 1998. *Journalistik. Theorie und Praxis aktueller Medienkommunikation. Band 1: Mediensysteme, Medienethik, Medieninstitutionen*. 2., überarb. und aktual. Aufl. Opladen: Wiesbaden.

Winter, Wolfgang. 1999. *Theorie des Beobachters*. Frankfurt a. M.: Skizzen zur Architektonik eines Metatheoriesystems.